Collection de M. T... du Mans

VENTE

DE

GRAVURES

ANCIENNES

Livres du XVIIIe siècle, ornés de figures

TABLEAUX ANCIENS

Pastels par Mme O'CONNEL

BONBONNIÈRES MINIATURES — OBJETS DE VITRINES

Faïences anciennes

Des fabriques de Rouen, Delft, Strasbourg, Nevers, etc., etc.

OBJETS DIVERS

HOTEL DROUOT, SALLE N° 4

Le Mercredi 30 & Jeudi 31 Décembre 1885

A 2 heures

COMMISSre-PRISEUR

Me Jules PLAÇAIS

5, rue Hippolyte Le Bas

EXPERT

M. E. GANDOUIN

42, rue Le Peletier

CHEZ LESQUELS ON DÉLIVRE LE CATALOGUE

EXPOSITION PUBLIQUE CHAQUE JOUR AVANT LA VENTE

De 1 heure à 2 heures

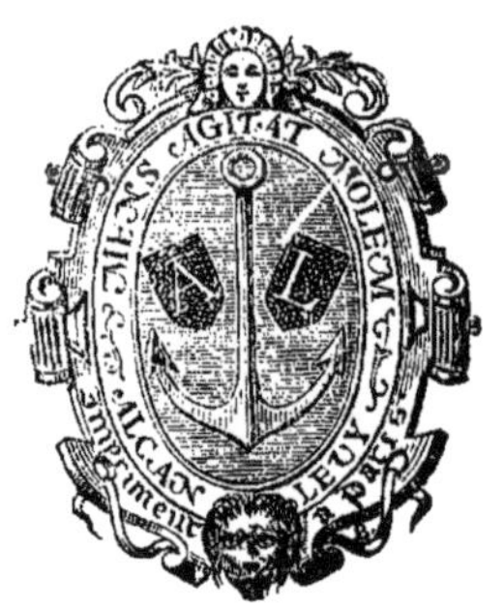

Collection de M. T... du Mans

VENTE

DE

GRAVURES

ANCIENNES

Livres du XVIIIe siècle, ornés de figures

TABLEAUX ANCIENS

Pastels par Mme O'CONNEL

BONBONNIÈRES MINIATURES — OBJETS DE VITRINES

Faïences anciennes

Des fabriques de Rouen, Delft, Strasbourg, Nevers, etc., etc.

OBJETS DIVERS

HOTEL DROUOT, SALLE N° 4

Le Mercredi 30 & Jeudi 31 Décembre 1885

A 2 heures

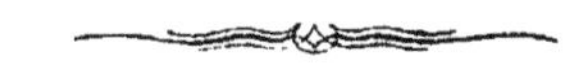

COMMISSAIRE PRISEUR	EXPERT
Me Jules PLAÇAIS	**M. E. GANDOUIN**
5, rue Hippolyte Le Bas	42, rue Le Peletier

CHEZ LESQUELS ON DÉLIVRE LE CATALOGUE

EXPOSITION PUBLIQUE CHAQUE JOUR AVANT LA VENTE

De 1 heure à 2 heures

CONDITIONS DE LA VENTE

Elle sera faite au comptant.

Les Acquéreurs paieront CINQ POUR CENT en sus des adjudications, applicables aux frais.

L'Expert, chargé de la Vente, se réserve la faculté de réunir ou diviser les lots.

En cas de contestation sur une enchère, l'objet sera immédiatement remis en vente.

L'ordre numérique du Catalogue ne sera pas suivi.

NOTA

M. GANDOUIN, Expert, chargé de la Vente, remplira les Commissions des personnes qui ne pourraient y assister.

Il se charge de toutes expertises et rédaction de Catalogues, pour collections particulières et pour celles destinées à être vendues aux enchères, ainsi que d'estimations d'Objets d'art, pour partages de succession et autres cas.

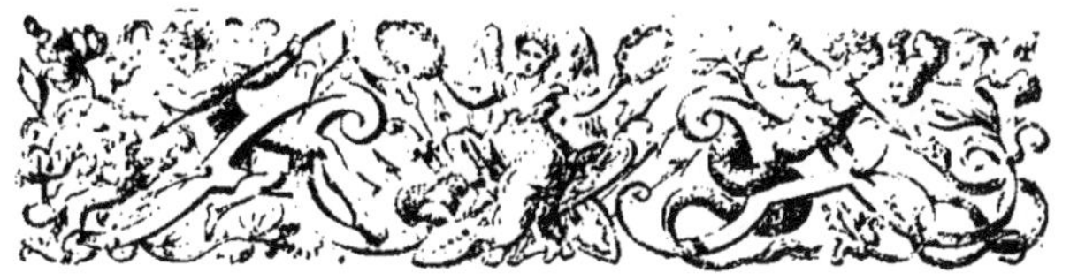

CATALOGUE

FAIENCES ET PORCELAINES
ANCIENNES

1 — Belle Assiette, à la corne au grand papillon.
2 — Théière, vieux Rouen, décor polychrôme, avec soucoupe.
3 — Assiette à la Pagode (fêlée).
4 — Trois Assiettes patriotiques « l'Utilité ».
5 — Assiette porcelaine de Zurich.
6 — Assiette en Delft, décor blanc.
7 — Assiette porcelaine de Berlin.
8 — Cafetière, terre de pipe.
9 — Deux Assiettes vieux Rouen, décors bleus.
10 — Assiette Rouen, décor fleurs.
11 — Sucrier, terre de pipe.
12 — Assiette en Moustier, décor jaune.
13 — Cinq Assiettes en Strasbourg.
14 — Assiette porcelaine, dessin de Polyclès Langlois.

15 — Assiette à la Pagode (fêlée).
16 — Deux Assiettes en Strasbourg.
17 — Vase en Delft.
18 — Huilier en Sinceny (cassé sur le côté).
19 — Assiette en Nevers, décor au chinois.
20 — Pot en Rouen.
21 — Plat, porcelaine japonaise (ancien).
22 — Assiette porcelaine avec blason.
23 — Théière, décor bleu, ép. Louis XIV (s. couvercle).
24 — Plat, décor bleu, en Delft.
25 — Bannette vieux Rouen, décor bleu.
26 — Assiette, faïence italienne.
27 — Assiette, vieux Rouen, décor bleu.
28 — Surtout, décor polychrôme.
29 — Surtout, décor bleu.
30 — Assiette à la Pagode (fêlée).
31 — Compotier au Carquois (fêlé).
32 — Bannette vieux Rouen.
33 — Assiette, décor bleu.
34 — Assiette Moustier, avec personnage.
35 — Assiette en Rouen, décor bleu.
36 — Bacchus faïence de Nevers.
37 — Pot pharmacie Nevers.
38 — Deux Bols en Delft.
39 — Assiette en Marseille.
40 — Assiette en Moustier, décor bleu, armoriée.
41 — Compotier, décor cachemire.
42 — Boîte à épices.
43 — Trois Salières en Rouen.
44 — Trois autres Id.
45 — Bannette, décor bleu et rouge (une anse réparée).
46 — Boîte à épices en Rouen.
47 — Bol en Chantilly.
48 — Plat creux, décor polychrôme.
49 — Assiette en Rouen, à la Pagode (fêlée).
50 — Assiette en Sèvres, pâte tendre.

51 — Trois Tasses avec Soucoupes en porcelaine japonaise.
52 — Petit Pot à moutarde en Rouen.
53 — Encrier en Rouen.
54 — Bol japonais, signé.
55 — Moutardier en Delft.
56 — Assiette polychrôme, armoriée (fêlée).
57 — Saladier polychrôme Louis XV (fêlé).
58 — Soupière Strasbourg, avec inscription.
59 — Plat à barbe, vieux Rouen, décor Guillibau.
60 — Théière, faïence de Rouen (un peu fêlée).
61 — Assiette en Sèvres.
62 — Poignard porcelaine, décor bleu.
63 — Beau Plat, décor fleurs, en Berlin.
64 — Deux Salières en Rouen.
65 — Plat, décor polychrôme.
66 — Assiette en Sèvres, décor à la Reine.
67 — Plat vieux Rouen, décor bleu (réparé).
68 — Deux Jardinières Saxe, décor aux oiseaux.
69 — Assiette avec inscription.
70 — Assiette en Moustier, décor bleu (armoiries du cardinal de Richelieu).
71 — Assiette Rouen (fêlée).
72 — Encrier vieux Rouen, époque Louis XIV.
73 — Lot de Plats en terre de pipe.
74 — Suspension en vieux Rouen, décor bleu.
75 — Pot en Rouen, époque Louis XVI.
76 — Plat creux en Moustier (fêlé).
77 — Plat ovale en Moustier.
78 — Assiette à la corne (réparée).
79 — Compotier v. Rouen, corne tronquée au dragon.
80 — Assiette vieux Rouen.
81 — Groupe en Delft.
82 — Statuette vieux Rouen.
83 — Sainte Vierge en Rouen.
84 — Autre avec socle.
85 — Douze Assiettes en Tournai.

86 — Douze Assiettes en porcelaine, décors fleurs.
87 — Vase, terre de pipe.
88 — Huilier en Marseille.
89 — Gourde en Nevers.
90 — Huilier vieux Rouen.
91 — Soupière en Tournai.
92 — Bannette, décor cachemire.
93 — Grand Plat, faïence italienne.
94 — Groupe porcelaine (pâte tendre).
95 — Plat décor bleu (réparé).
96 — Jardinière.
97 — Plat, décor bleu, vieux Rouen.
98 — Bouquetière.
99 — Paire de jolis Cache-Pots polychrôme.
100 — Huilier en vieux Rouen.

TABLEAUX ET OBJETS DIVERS

101 — Deux Tableaux fleurs (signés).
102 — Tableau, les Pochards (de Brauwer).
103 — Tableau marine (signé De Bast).
104 — Tableau, école hollandaise, attribué à Brauwer.
105 — Miniature, portrait de Maximilien, fondateur de l'Académie des Sciences, à Vienne.
106 — Gouache de Grévin.
107 — Paire Ciseaux, travail de l'Empire.
108 — Boîte Instruments de Chirurgie, époque Louis XVI.
109 — Portrait buis, époque Louis XIV.
110 — Port de Rouen, gravure.
111 — Tableau, école hollandaise.
112 — Miniature, Femme.
113 — Boussole ivoire.
114 — Tableau, Anges.
115 — Gravure en couleur de Boucher, les Nymphes au Bain.

116 — Boîte en ivoire.
117 — Rape à tabac complète, epoque Louis XIV.
118 — Etui à lancettes, époque Louis XIII.
119 — Paire de flambeaux, époque Renaissance.
120 — Miniature, portrait de Jean d'Aix.
121 — Boîte avec Paysage peint à l'huile.
122 — Etui contenant des jetons numérotés et incrusté or.
123 — Deux Médaillons, biscuit Sèvres (Signés Brachard, août 1817).
124 — Jeu de Loto, époque Louis XVI.
125 — Miniature, Vierge et enfant Jésus.
126 — Plaque ivoire, le Sacre d'un Chevalier.
127 — Clé en fer, ciselée.
128 — Autre de même travail.
129 — Deux Cariatides, fer forgé, époque Louis XVI.
130 — Poudrière en corne de cerf avec sujets, travail de la Renaissance.
131 — Ange en ivoire (travail du XVIe siècle).
132 — Ivoire (travail du XVIe siècle).
133 — Paire Mouchettes Louis XVI.
134 — Bougeoir bronze doré, époque Empire.
135 — Coffret, époque Louis XIII, garni cuir repoussé.
136 — Coffret gothique (travail moderne).
137 — Garde, fer ciselé, damasquiné (travail japonais).
138 — Bougeoir bronze ciselé, style Renaissance.
139 — Clé de Chambellan, provenant de la vente Castellani, de Rome.
140 — Plaque marbre, avec Boutons en fer ciselés, époque Louis XVI.
141 — Eperon, fer damasquiné argent (travail oriental).
142 — Guerrier romain, bronze antique.
143 — Bronze, Bacchus sur une plaque de marbre.
144 — Médaillon, peinture sur cuivre.
145 — Mortier, métal de cloche, époque Louis XVI.
146 — Petit Paysage (ivoire).
147 — Deux Cadres cuivre, époque Louis XVI.
148 — Coffret, imitation Bagard, de Nancy.

149 — Manche d'Ombrelle ivoire, sujet Jeanne-d'Arc.
150 — Deux Boucles en cuivre ciselé, époque Louis XVI.
151 — Boîte onyx garnie en cuivre.
152 — Boîte bonbonnière Weegwood, époque Louis XVI.
153 — Bonbonnière Louis XVI, sujet ivoire.
154 — Cachet ivoire sujet normand.
155 — Bonbonnière mosaïque.
156 — Tabatière onyx, garnie argent.
157 — Portrait empereur romain, ivoire.
158 — Lanterne en bagard de Nancy, charnière argent.
159 — Portrait d'un conventionnel, cadre cuivre.
160 — Etui incrusté, époque Louis XVI.
161 — Médaillon marbre, portrait empereur romain.
162 — Coquetier porcelaine, époque Louis XVI.
163 — Miniature, Vénus endormie.
164 — Navette nacre gravée (travail époque Louis XVI).
165 — Miniature ivoire, Target, député à l'Assemblée nationale, 1789.
166 — Portrait médaillon en Sèvres, de Lafayette.
167 — Croix gothique, bois sculpté, travail du XIVe siècle.
168 — Cachet en bronze, buste de Louis-Philippe.
169 — Miniature homme, signée Rosalie Renaudin.
170 — Miniature sur cuivre, Vierge et l'Enfant Jésus.
171 — Miniature femme, sur cuivre.
172 Id. id. id.
173 — Lampe bronze.
174 — Lampe romaine à deux lumières.
175 — Lampe romaine à deux lumières.
176 — Lampe romaine.
177 — Id. Id.
178 — Lampe romaine.
179 — Vase romain.
180 — Vase romain.
181 — Théière gallo-romaine.
182 — Vase étrusque.
183 — Vase etrusque.
184 — Fraguement de Tanagra.

185 — Flèche de drapeau.
186 — Bonbonnière, portrait de Déjazet enfant.
187 — Etui garni en paille, époque Louis XVI.
188 — Déjeuner en Weegwood.
189 — Pot en Weegwood.
190 — Brassard-Arquebusier.
191 — Bonbonnière écaille, miniature femme
192 — Vase verni, Martin.
193 — Bas-relief argent, époque Louis XIV.
194 — Hache gallo-romaine.
195 — Bonbonniére poudre d'écaille.
196 — Tabatière en buis, garnie argent dore.
197 — Portrait homme sur argent, époque Henri II.
198 — Longue-Vue, garniture cuivre.
199 — Boite buis à double fond, epoque Empire.
200 — Boite Bohème, gravée.
201 — Tabatière cuivre doré, Louis XVI.
202 — Porte-Chapelet en bois des Iles, sculpté.
203 — Email du XVIIIe siècle, le Bon Pasteur.
204 — Etui garni en filigrane argent, epoque Louis XVI.
205 — Couteau-Pistolet, de chez Devisme.
206 — Gouache, paysage, signée Lebreton.
207 — Peinture sur verre (les Joueurs).
208 — Gravure en couleur (signée Huet).
209 — Trois Pannneaux, peinture à l'huile (nature morte).
210 — Deux couteaux Louis XVI, dont un en argent, etui galuchat.
211 — Calepin ivoire Louis XVI, garni argent.
212 — Lorgnette Louis XVI, garnie en fer cisele.
213 — Boite émail de Saxe.
214 — Petite Boite Louis XVI en ivoire.
215 — Etui en galuchat, avec Flacons à odeur, garni argent.
216 — Etuien fer forgé, avec armoiries.
217 — Portrait de Michel-Ange (cire attribuée à Jean de Bologne).
218 — Tableau Gouache (signé Lefebvre).

219 — Deux Tableaux (la Famille en goguette).

220 — Bonbonnière, naissance d'Henri V.

221 — Benitier en bronze cisele, style Louis XIV.

222 — Deux Gouaches, par Thomas.

223 — Deux Gouaches, par le même.

224 — Id. id. id.

225 — Id. id. id.

226 — Paysage peint à l'huile.

227 — Tableau, la Bergère.

228 — Tableau, paysage sur panneau.

229 — Medaillon, portrait d'homme (signe Schmitt, de Vienne).

230 — Deux Dessins costumes normands).

231 — Pot etrusque.

232 — Boite nacre, garnie cuivre.

233 — Coffret en palissandre, epoque Louis XIV, orne de lamettes de cuivre.

234 — Gouache, paysage.

235 — Poignard Louis XIII, fer forge.

236 — Vase etrusque.

237 — Pot romain.

238 — Cadre avec plaque en Weegwood.

239 — Deux vitraux.

240 — Clé, fer forgé.

241 — Portrait, gravure d'homme.

242 — Lanterne Louis XIV.

243 — Deux Batteries pistolets fer forgé.

244 — Deux Statuettes japonaises.

245 — Miniature, femme, style Empire.

246 — Lorgnette en peau de serpent, garnie cuivre.

247 — Couteau Louis XVI avec lame d'argent.

248 — Bonbonnière avec miniature femme, ép. Louis XV, garnie argent.

249 — Deux plaques en fer repoussé.

250 — Paire Chandeliers Louis XIII.

251 — Terre cuite, Stanley.

252 — Paire Pistolets Louis XV, garnis argent, canons damasquinés.

253 — Paire Pistolets Louis XIV, fabrique de Sedan.

254 — Paire Pistolets, époque Louis XV, garni fer, canons damasquinés or.

255 — Miniature, portrait Dupetit-Thouars, né à Saumur, 1758, mort en 1831.

256 — Portrait de Solon, époque Louis XVI.

257 — Tombeau de Napoléon Ier à Sainte-Hélène.

258 — Etui en cuir fleurdelisé.

259 — Portrait de Daniel Willing.

260 — Portrait de Laurence Slevensloot.

261 — Portrait de Bailly (maire de Paris).

262 — Miniature, portrait Louis XVI.

263 — Miniature, femme.

264 — Groupe, marbre.

265 — Très joli Coffret en bois d'ébène, orné de cuivre découpé et signé, époque Louis XIII. Ce joli coffret contient quatre Carafons anciens et gravés.

266 — Miniature ivoire, époque Louis XVI.

267 — Boussole cuivre, époque Louis XVI.

268 — Miniature sur verre.

269 — Saint-Georges, terre cuite.

270 — Miniature, femme, signée Castin. 1883.

271 — Petite Gravure représentant une bataille.

272 — Gravure encadrée (les Nymphes, d'après Vanderwerf).

273 — Bonbonnière émail de Saxe, époque Louis XV.

274 — Paire Salières, métal argenté.

275 — Portrait de Jean Paléologue, emp. d'Orient, époque du XVIe siècle.

276 — Boite contenant quatre médailles bronze.

277 — Bonbonnière, sujet maçonnique.

278 — Marbre, tête de Sphinx.

279 — Cadre métal argenté (travail moderne).

280 — Épée Louis XIII.

281 — Miniature, femme, époque Louis XVI.

282 — Deux Ivoires japonais.
283 — Id. id. id.
284 — Id. id. id.
285 — Id. id. id.
286 — Id. id. id.
287 — Épée en fer ciselé et damasquiné, travail de l'époque Louis XIV.
288 — Petit Nécessaire en galuchat.
289 — Miniature Enfant, époque Louis XVi.
290 — Petit Bougeoir en cuivre, époque Louis XIV.
291 — Tableau, gravure, le Jugement de Pâris.
292 — Portraits Henri IV et Marie de Médicis.
293 — Boîte à ouvrage en bois des Iles.
294 — Épée, garde en cuivre, époque Louis XVI.
295 — Hache de combat en fer damasquiné or.
296 — Masse en fer damasquiné argent, travail persan.
297 — Boîte à Jeu en laque de Chine avec jetons en nacre.
298 — Coffret, garniture fer ciselé, avec clé.
299 — Christ ivoire.
300 — Mandoline, incrustation ivoire.
301 — Mandoline, incrustation ivoire.
302 — Bonbonnière saxe.
303 — Bonbonnière saxe.
304 — Boussole, boîte acajou.
305 — Gravure, l'Arrivée du Courrier.
306 Id. le Départ du Courrier.
307 Id. le Chiffre d'Amour.
308 Id. le Chiffre d'Amour.
309 Id. Carême-Prenant.
310 — Une boîte contenant une serie de poids de l'époque Louis XIII.
311 — Gravure, le Vrai Bonheur.
312 — Paire Mouchettes en cuivre.
313 — Gravure, le Depart du Courrier.
314 — Lot de Gravures.
315 — Lot de Gravures.

316 — Lot de Gravures diverses.
317 Id. id. id.
318 Id. id. id.
319 Id. id. id.
320 Id. id. id.
321 — Lot d'Assignats divers.
322 Id. id.
323 Id. id.
324 Id. id.
325 — Petit tableau, grav. en couleur (la Malédiction Paternelle).
326 — Miniature femme, sig. Jacques Paretla, 1837.
327 — Cabinet laqué Chine avec tiroirs, travail moderne
328 — Petite Console Louis XVI.
329 — Deux petits Cadres cuivre avec paysage.
330 — Miniature femme, époque Louis XVI.
331 — Bureau Louis XVI, en bois d'acajou moucheté.
332 — Pendule Biscuit, epoque Directoire.
333 — Portrait de jeune prince, epoque François Ier.
334 — Miniature sur ivoire, enfant.
335 — Cadre metal cisele argente, travail ép. Louis XVI.
336 — Portrait de Robespierre.
337 — Porte-Cartes marquetterie.
338 — Cachet gothique.
339 Id. id.
340 Id. id.
341 Id. id.
342 — Miniature femme, avec cadre Louis XVI cisele.
343 — Miniature sur ivoire, Mme Adelaïde, sœur de Louis-Philippe.
344 — Pendule ancienne, epoque Louis XIII.
345 à 349 — Livres divers des XVIe, XVIIe, XVIIIe et XIXe siècles.
350 — Reproductions de cames antiques.
351 — Isabey père. Louis XVI, dans la prison du Temple (sepia).

352 — O'Connell. Amours, pastel.

353 — Id. Portrait de femme, pastel.

354 — Id. id. id.

355 — Id. id. id.

356 — Mola. Paysage.

357 — A. de Dreux. Chasse en forêt, gouache.

358 — Mazerolle (Attribué à). La République, modèle d'éventail, aquarelle.

359 — Cuyp (Genre de). Paysage.

360 — Gillot. Scène grotesque.

361 — Van Ombreck. Marine.

362 — Bassan. Travaux champêtres.

363 — Ecole française. Portrait de femme.

364 — Id. Portrait de femme.

365 — Jaccotot. Bouquet de fleurs.

366 — Charlet. Grenadier, aquarelle.

367 — Court. Jeune Femme.

368 — Ecole française. Réunion de famille, pastel.

369 — Audy. Une Course hippique.

370 — Caravage. Vase d'orfèvrerie.

371 — Ecole espagnole. Deux Portraits.

372 — Besson. L'Été, Amour.

373 — Id. L'Automne, Amour.

374 — Id. Jeune Femme au bain.

375 — Girardi (Ecole de). Sainte-Marie Majeure (Venise).

376 — Charlet. Trompette, aquarelle.

377 — Id. Tambour-major.

378 — J. Navlet. Les Trois Amis, aquarelle.

379 — Id. Le Régiment qui passe, aquarelle.

380 — Id. Camille Desmoulins sur la tombe de Jean-Jacques-Rousseau, à Ermenonville.

381 — Griffier. Nature morte, 2 pendants.

382 — Boucher (Ecole de). Jardinier galant.

383 — Janssens (Genre de). Réunion galante.

383 bis — Ecole moderne. Fleurs.

383 ter — Bruandet. Paysage.

LIVRES

384 — Les Baisers, par Dora, édition 1770, à La Haye et à Paris, chez Lambert et Delalain; vignettes de Eisen.

385 — Léonard (Œuvre de), à Paris, chez Prault, 1788. 3 vol.

386 — Florian (Théâtre de), à Paris, chez Didot l'aîné, 1786, 3 vol. Vignettes de Queverdo.

387 — Les Styles, poème en quatre chants, à Paris, chez la veuve Duchesne, etc., 1781.

388 — Blançay, par l'auteur du Voyage sentimental, à Londres et à Paris, chez Guillot, 1788, 1 vol. Vignettes.

389 — Victorine, par l'auteur de Blançay, à Paris, chez Guillot, 1789, 1 vol.

390 — Saint-Alme, par l'auteur de Blançay, etc., à Paris, chez Guillot, 1790, 1 vol.

391 — Regnier (Œuvres de), à Londres, 1780, 2 vol.

392 — Accouchements (L'Art des), par J.-L. Baudelocque, à Paris, chez Mequignon, 1796, 2 vol.

393 — Soirées du bois de Boulogne, à Londres, 1782, 2 vol.

394 — Lidorie, de Blançay, à Paris, chez Guillot, 1 vol, en deux parties.

395 — Galanteries des rois de France, à Cologne, chez Pierre Marteau, 3 vol.

396 — Despotisme (Recherches sur l'origine du), à Londres, chez Seyffert, 1762, 1 vol.

397 — Dissertation sur les Whigs et les Tories, à La Haye, chez Charles Le Vier, 1717, 1 vol.

398 — Lettres persanes, par Montesquieu, à Londres, 1784, 2 vol.

399 — Heerfort et Claire, traduit de l'allemand, à Paris, chez Maradan et Leprieur, an II de la République, 2 vol.

400 — Les Saisons, poème, à Amsterdam, 1773, 1 vol. orné de vignettes, 5e édition.

401 — Narcisse dans l'isle de Vénus, poème en quatre chants, à Paris, chez Lejay, 1 vol. orné de vignettes.

402 — L'Homme des champs, par J. Delille, à Strasbourg, an VIII, 1 vol. orné de vignettes.

403 — Lettres, Anecdotes du nonce Visconti, à Amsterdam, 1719, 2 vol.

404 — Les Soirées de l'automne, par Mercier, à Paris, chez Girouard, 1 vol.

405 — Bérenger. Poésies, à Londres, 1785, 2 vol. ornés de vignettes.

406 — Œuvres de Bert, à Londres et à Paris, chez Hardouin et Gattey, 1785, 2 vol.

407 — Alcibiade, à Paris, chez Buisson, 1792, 2 vol. en quatre parties, ornés de vignettes.

408 — Les Géorgiques de Virgile, traduites par Delille, à Paris, 1784, 1 vol. orné de vignettes.

409 — Les Sens, poème en six chants, à Londres, 1766, 1 vol. orné de vignettes.

410 — Sterne Laurent. Œuvres complètes, à Paris, chez J.-F. Bastien, 1802, 6 vol. avec 86 gravures.

411 — Paradis perdu, traduit par Delille, à Paris, chez Giguet et Michaud, 1805, 3 vol. Vignettes.

412 — L'Enéide, traduite par J. Delille, à Paris, chez Michaud, 1804, 4 vol. Vignettes.

413 — Louise ou la Chaumière, traduit de l'anglais, à Londres et à Paris, chez Favre, 1 vol. en deux parties.

414 — Œuvres de Moncrif, à Paris, chez la veuve Regnard, 1768, 4 vol.

415 — Les Contes du tonneau, suivis du Traité des dissensions, à La Haye, chez H. Scheurleer, 1757, 3 vol. Vignettes.

416 — Robinson Crusoé, à Londres, 1794, 4 vol. Vignettes.

417 — Le Fond du sac de M. X., à Venise, chez Pantalon Phébus, 1780, 1 vol. en deux parties.

418 — Dictionnaire universel des plantes de France, 4 vol. reliés en maroquin.

419 — Telemaque (Aventures de), à Londres, 1791, 3 vol.

420 — Daphnis et Chloé, à Versailles, chez Dacier, 1794, 1 vol.

421 — Le Souterrain, par Sophie Lée, à Strasbourg et à Paris, 1793, 4 vol.

422 — Romans et Contes de l'abbé Voisenon, à Paris, an VI, 3 vol.

423 — Cazotte. Œuvres badines et morales, à Londres, 1788, 4 vol. en sept parties. Vignettes.

424 — Romance, par Berquin, et 1 vol. des Idylles, à Paris, chez Ruault, 1776, 2 vol. Vignettes.

425 — Zelis au bain. Lettres d'Alcibiade, etc. Payll, tragedie, par d'Arnaud. Le Déserteur, par Mercier Heroïdes d'Ovide. Lettres de Julie, Marie de Mancini. Epitre d'Heloise et d'Abeilard. Vérités philosophiques d'Young. La Prude punie. Le Dépit et le Voyage, etc., etc.; 54 vol. ornés de nombreuses vignettes.

426 — Sous ce numéro, 66 vol., la plupart du XVIIIe siècle, avec vignettes, dont les Œuvres des Montesquieu l'Éloge de la Folie, etc., etc., — sera divisé.

GRAVURES

ANCIENNES ET MODERNES

427 — J. Reynolds. Deux jeunes filles, gravées par Samuel Cousins, deux belles épreuves, manière noire.

428 — Greuze. L'Innocence, gravée par Aristide Louis.

429 — Alligny (T.) Vues des sites les plus célèbres de la Grèce antique. Paris, 1843, in-f°, dix eaux-fortes originales d'Alligny.

430 — Robert (L.) La Famille affligée, gravée par Prevost, belle épreuve, lettre grise.

431 — Burins. L'Horoscope de Sixte Quint. L'Adieu au monde. Properzia, de Rossi. La Nymphe. Quatre pièces, belles épreuves.

432 — Burins. Le Mariage de la Vierge, par Panier. La Vierge et l'Enfant Jésus, par Bein. Deux pièces dont une avant lettre.

433 — Burins. La Fornarina. La Flora. Le Dante. Le Titien, etc., etc. Dix pièces, belles épreuves, la plupart avant lettre.

434 — Burins. La Mort de Sapho. Le Lévite d'Ephraïm. La Marée d'équinoxe. Trois pièces, belles épreuves.

435 — Chiossone. David. Italia artistica galleria de Capolavori Italiani. Firenze, 1859. Quarante-six planches et texte.

436 — Perfetti. La Nativité de la Madone, d'après A. del Sarte, in-f°. Couronnement de la Vierge, d'après Fra Gio Gélico. Deux pièces, belles épreuves.

437 — Paris. Plans. Vues. Statues de la flèche de la Sainte-Chapelle, fresques d'églises, etc. Dix-huit pièces.

438 — Ecole italienne. Quatorze photographies d'après les plus beaux tableaux.

439 — Audran. Batailles d'Alexandre d'après Le Brun. Dix-sept pièces in-f°, grandes marges.

440 — Daudin. Antiquités gallo-romaines de Sens. Auxerre 1869, petit in-4°. 14 pièces et le texte.

441 — Le Peletier Saint-Fargeau, premier martyr de la Liberté. Portrait, belle épreuve.

442 — Ecole italienne. Quarante-quatre fac-simile. Portraits et sujets religieux.

443 — Tournemines. (Ch.) Paysages lithographiés, par Laurens. Dix pièces, belles épreuves.

444 — Bertin.(E.) Paysages lithographiés par divers artistes. Onze pièces.

445 — Lithographies. Les Artistes contemporains. Dix-sept pièces, belles épreuves sur chine.

446 — Portraits. Rubens. Canova, Velasquez, etc. Sept pièces, gravures in-4°, belles épreuves.

447 — Delaroche (Paul.) Vingt-trois photographies reproduisant ses tableaux avec notice.

448 — Gudin. Marines, lithographies. Vingt pièces, très belles épreuves avant lettre.

449 — Demersay (A.). Histoire physique, économique et politique du Paraguay. Hachette, 1860. Atlas de 11 planches.

450 — Paris. Histoire générale de Paris. Atlas des anciens plans de Paris, reproduction en fac-similé des originaux, etc. Paris, imprimerie Nationale, 1880. Un vol. in-f°, 64 plans.

451 — Sébastopol. Atlas, Journal du Siège, par le général Niel. Seize pièces dans le cartonnage de publication, 1858, in f°.

452 — Paris. Vues du Tribunal de Commerce. Neuf photographies.

453 — Photographies diverses. Vues de Paris et autres, environ cent vingt pièces.

454 — Flandrin (E.). Voyage en Perse, dix planches gravées. Architecture, vues, etc., in-4°.

455 — Rubens (P.). Fête flamande gravée par Fessard, in-f°, belle épreuve.

456 — Paris. Corps législatif. Vue intérieure, cour du Louvre. Revue au Carousel. Vue du château des Tuileries. Canal de l'Ourcq. Cinq pièces anciennes.

457 — Dembrun. L'amant volage. L'amant chéri. L'amant fortuné, d'après Bourville et Queyer. Trois pièces, bonnes épreuves.

458 — Eisen. Le concert mécanique, gravé par Delongueil. Épreuve avant le lustre, petites marges.

459 — Paterre. Le Cocu battu et content, gravé par Fillœul, belle épreuve.

460 — Duplessis-Bertaux. Retour de Louis XVIII, épreuve d'eau forte.

461 — Portraits anciens, six pièces, dont le portrait de Louis XVI, en couleurs, et un portrait état d'eau forte.

462 — Caresme. Fête villageoise, belle épreuve du trait.

463 — Monet. Vénus et Adonis, par Vidal. Épreuve avant toutes lettres, grandes marges.

464 — Vignettes-Cochin. Histoire de France in-4°, vingt-cinq pièces, dont vingt sont en épreuves d'état avec tablette blanche.

465 — Vignettes, par Eisen, Marillier, Cochin, Saint-Aubin et autres, dix pièces.

466 — Caricatures, par Draner. Cinquante pièces coloriées, 1870-1871.

467 — Vignettes, portraits et ornements, trente pièces.

468 — Madou. Lithogrophies. Dix pièces sur douze avec couverture.

469 — Paris. Vue du Salon de l'Académie au Louvre. Jardin des Marchands. Feu d'artifice tiré en face l'Hôtel de Ville. Place Vendôme. Pont d'Austerlitz. Champs-Elysées, six pièces, vues d'optique.

470 — Vignettes. Joseph et Putiphar, d'après Monnet; épreuves d'eau-forte et d'artiste, deux pièces.

471 — Jeaurat. L'Amour coquet. — L'Amour petit-maître, gravées par Jeaurat. Belles épreuves.

472 — Vignettes par Moreau, Marillier, Choffard, etc., quatorze pièces la plupart d'artiste et avant-lettre.

473 — Matout. Le Crime, lithographie de Dubouchet : très belle épreuve in-f° (pièce sur la guerre).

474 — Portraits. M. Dugazon, Corse, deux pièces par Janinet et autres en couleur.

475 — Portraits modernes, sept pièces.

476 — Vignettes modernes, environ trente pièces: belles épreuves.

477 — Caricatures, 1870-1871, environ cent cinquante pièces coloriées.

478 — Vignettes. Voltaire. La Henriade, suite de dix pieces in-4°, d'après Moreau, grandes marges.

479 — Daubigny. Voyage en bateau, seize pièces, belles épreuves.

480 — Bonhommé. Dressage de l'Obélisque sur la place de la Concorde, deux lithographies.

481 — Caricatures françaises. Milord Tripp chez le fabricant de corsets. Contes à rire. Le Phénix, etc., cinq pièces couleur.

482 — Caricatures. Musee grotesque, N°s 8-57-62, trois pièces couleur.

483 — Vignettes. Pour le monument du costume physique et moral d'après Moreau, par de Marc, epreuves d'eau-forte et d'essai, onze pièces.

484 — Caricatures, environ deux cents pièces sur les avocats (des doubles).

485 — Pièces diverses. École française et autres imprimées en couleur, vingt-deux pièces.

486 — Debret. La colonne de Rosback, gravure en couleur de Allais, belle épreuve.

487 — Caricatures anglaises, trois pièces en couleur.

488 La Grenée (de). Le Jeu des Grâces. Les Amours enchainées, deux pièces gravées par Benoist.

489 — Miller. Evening, épreuve un peu tachée.

490 — Rigaud. (H.) Louis le Grand, en pied, gravé par Drevet, épreuve collée sur socle et montée.

491 — Caricatures anglaises. Douze pièces en couleur, superbes épreuves.

492 — Caricatures. Le Petit Tambour. Le Savetier. Chaine de sureté. Trois mois d'absence. C'est le moment où les animaux prennent leur nourriture, etc. Dix pièces en couleur.

493 — Bois anciens, lettres ornées, frises. Marques de libraires, etc., environ cinq milles pièces. Curieuse collection.

494 — Greuze. Le Ménage ambulant, gravé par Binet, belle épreuve.

495 — Chapuy. Plan de la Bastille, pièce imprimée en couleur (tachée).

496 — Greuze. La Bonne Mère, gravé par Laurent Cars, très belle épreuve.

497 — Greuze. La Paresseuse, gravé par Moitte, belle épreuve.

498 — Par divers artistes, vingt-cinq pièces.

499 — Jacquemart. (J.) Reproduction de tableaux, vases, etc., cinq pièces, belles épreuves.

500 — Societé artistique de Milan. Douze eaux-fortes, belles épreuves, sur hollande.

501 — Sous ce numéro, il sera vendu un grand nombre d dessins et gravures en lots.

502 — Harpignies. Lalanne. K. Daubigny, etc., cinq pièces, belles épreuves.

503 — Bianchi. L'Enfant de chœur. L'Ecole, deux pièces, ép. artiste. L'une est sur parchemin.

504 — Brissot. Bracquemond. Lhermitte, sept pièces, belles épreuves.

505 — Gautier. B. Constant, Poilpot, etc., neuf pièces, belles épreuves.

506 — Corot. Eaux-fortes, originales, deux pièces, belles épreuves.

507 — Monziès. Dumarescq. Morin. France, sept pièces, belles épreuves.

508 — Goeneutte. Grévin. Lepic, etc., huit pièces, belles épreuves.

509 — Par divers artistes, vingt-sept pièces.

510 — Delacroix et autres, douzelithographies, belles épreuves.

511 — Doré. (G.) Bois pour illustrations, onze pièces, épreuves d'artiste sur chine.

512 — Par divers artistes, vingt-quatre pièces, belles épreuves, japon et hollande.

513 — Watteau. Retour de campagne. Camp volant, deux pièces gravées par Cochin, belles épreuves, tachées d'humidité.

514 — Sous ce numéro diverses gravures et dessins encadrés.

Paris. — Alcan-Lévy, imp. breveté, 18, passage des Deux-Sœurs

www.ingramcontent.com/pod-product-compliance
Ingram Content Group UK Ltd.
Pitfield, Milton Keynes, MK11 3LW, UK
UKHW020530180726
13839UKWH00005B/2411